中国传统节日故事

中国传统节日故事

牟文正　编著

嘉信一丁　绘

金盾出版社

内 容 提 要

　　本书讲述了春节、元宵节、清明节等九个传统节日的传说、风俗习惯以及与节日相关的古诗。为了让小读者更好地阅读，书中还配有风格唯美而传统的插画。相信本书会是少年儿童了解传统文化的最佳读本。

图书在版编目(CIP)数据

中国传统节日故事/牟文正编著.— 北京 ：金盾出版社，2015.7(2019.4 重印)
ISBN 978-7-5186-0289-6

Ⅰ. ①中… Ⅱ.①牟… Ⅲ.①节日—风俗习惯—中国—少儿读物 Ⅳ.①K892.1-49

中国版本图书馆 CIP 数据核字(2015)第 080493 号

金盾出版社出版、总发行
北京太平路 5 号(地铁万寿路站往南)
邮政编码:100036　电话:68214039　83219215
传真:68276683　网址:www.jdcbs.cn
北京凌奇印刷有限责任公司印刷、装订
各地新华书店经销
开本:889×1194 1/24　印张:4
2019 年 4 月第 1 版第 8 次印刷
印数:33 001～39 000 册　定价:20.00 元

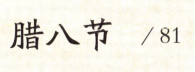

春节

在中华民族的传统节日中，最重要、最隆重的非春节莫属。很久以前，春节只是正月初一这一天。后来，人们又把除夕归于春节。除夕之夜成了春节的高潮。春节的习俗丰富多彩，包括贴春联、放鞭炮、吃水饺、拜年、赠压岁钱等。

　　关于春节的传说有很多。这里，给大家讲一个"驱年兽"的故事。相
传古时候有一个叫做"年"的怪兽，十分凶恶、残暴。它长年深居海底，但
每逢除夕，就出来吞食牲畜、伤害人命。

　　这年除夕，老百姓一大早就逃往深山，以躲避"年兽"的袭击。半路上，人们碰见一个衣衫破烂的老乞丐。由于忙于逃命，没人理睬他。只有一位老婆婆给了他一些食物，并劝他与大伙儿一起上山。

　　谁知老乞丐捋了捋长长的白胡须,不慌不忙地说:"今天,我就住在你家,看看'年兽'到底有多大本事。"老婆婆劝说无用,只好由他去了。

　　月黑风高的时候，"年兽"风风火火地进了村子。当它走到老婆婆家门前时，突然觉得难受起来。它仔细一瞧：门上贴着一张大红纸，屋里的油灯烧得通亮。

　　"年兽"想进去看个明白，它刚迈进门槛，耳边冷不防响起"噼里啪啦"的巨大声响。透过闪闪火光、滚滚烟雾，只见一位穿着红衣服的老翁在哈哈大笑。

　　"年兽"吓得心惊肉跳，撒腿就跑。原来，它最害怕的就是红色、火光和炸响。

　　第二天是正月初一，避难的村民成群结队地回来了。他们发现村庄完好无损，十分奇怪。老婆婆回过神来，想起了那位老乞丐，就把他从家里请了出来。

　　老乞丐如实讲述了驱赶"年兽"的经过，村民们这才恍然大悟，纷纷向恩人拜谢。从此以后，为了防止"年兽"再来作恶，每到除夕，家家户户都要贴大红对联、放烟花爆竹。

元　日

【宋】王安石

爆竹声中一岁除，

春风送暖入屠苏①。

千门万户曈（tóng）曈日，

总把新桃换旧符②。

　　爆竹声中送走了旧的一年，春风已经把温暖融进了屠苏酒。金灿灿的朝阳照耀着千家万户，家家都用新桃符换下旧桃符。诗歌描写了春节万象更新的景象，抒发了作者勇于改革的思想感情。
　　①屠苏：屠苏草泡的酒。②旧符：画着门神或题着门神名字的桃木板。

元宵节

　　每年春节刚过，就迎来了正月十五元宵节。按中国民间的传统，在这个明月高悬的夜晚，人们以赏彩灯、猜灯谜、放焰火、吃元宵等方式，欢度佳节。

　　传说很久以前，凶禽猛兽特别多，到处伤害黎民百姓。人们就组织起来，与它们搏斗。

　　有一天，一只神鸟因为迷路而降落人间，被不知情的猎人给射死了。
天帝知道后，勃然大怒，就下令天兵天将于正月十五日到凡间放火，惩罚人类。

　　天帝的女儿心地善良，她不忍心看百姓无辜受难，就冒着生命危险，偷偷下凡将这个消息告诉了人们。

　　众人一听，犹如头上响了一个炸雷，吓得不知如何是好。这时，有位智慧的老翁想出一个办法：等到正月十四、十五、十六这三天，每户人家挂红灯、放焰火，以造成火灾的假象。

　　大家听了，都觉得这是一个好主意，便分头准备去了。到了正月十五晚上，天兵天将往下一看，发现凡间一片火光，真的以为闹起了火灾。

16

　　天兵天将兴高采烈地禀报天帝："凡间已经遍地烈火浓烟，用不了多久，人类就会死光。"

　　天帝不大相信，他亲自拨开云雾向凡间俯视，结果眼前的景象果然跟天兵天将说的一样，他十分得意地收回了放火的谕旨。

　　就这样，黎民百姓保住了自己的生命和财产。为了纪念这个逢凶化吉的日子，以后每逢正月十五，家家户户都悬挂彩灯、燃放焰火。

正月十五夜灯

【唐】张祜（hù）

千门开锁万灯明，

正月中旬动帝京①。

三百内人②连袖舞，

一时天上著③词声。

元宵节之夜，家家户户敞开门户，满城灯火辉煌，大街小巷热闹非凡。许多宫女挥袖跳舞，歌声乐声直冲云霄，传到天上。看，元宵节的夜晚是多么美好啊！

①帝京：京城。②内人：宫女。③著：有。

春龙节

　　“二月二，龙抬头”，农历的二月初二也叫春龙节。民间流行的习俗有祭龙神、剃“龙头”、吃炒豆、熏虫儿等。

　　传说早年间，东海龙王有三个龙子。龙王心想，如果再有个龙女，儿女双全，那该多好啊！

　　天上的王母娘娘知道了龙王的心思后，就给了龙母一粒仙丹。龙母服下不久就怀孕了。第二年二月初二，生下了一个白白胖胖的女儿。

　　小龙女渐渐长大了。天长日久，她厌倦了龙宫的生活，渴望到人间寻找真正的幸福。龙母再三劝阻女儿，但公主就是听不进去。

　　龙母见女儿决心已定，就悄悄地把她送出龙宫，并给了她一个锦囊。龙女告别了母亲，来到一座大山下，只见田野里的禾苗都快旱死了。她怀着同情心从锦囊里取出几粒红豆，撒到了地里。

　　一会儿，田野里升起了浓雾，干枯的禾苗泛出了绿色。农夫们惊喜万分，都欢呼跳跃起来。这时，一个小伙子对龙女说："这里方圆几百里都遭遇大旱，请求仙姑再救救更多的百姓吧！"

　　龙女听了很受感动，觉得这个小伙子心肠真好。于是，她又从锦囊里抓出一把红豆抛上了天。顿时，电闪雷鸣，普降喜雨。

　　小伙子连连向龙女道谢。龙女脸上泛起了红晕，轻声说："不用谢我，只求咱俩百年好合。"小伙子喜出望外，美滋滋地把龙女领回了家。

　　龙王得知此事，恼怒极了，就下狠心断绝了父女关系，还不许龙母去探望女儿。龙母思女心切，每年二月初二就浮出水面，朝着女儿居住的方向放声大哭。她的哭声变成了雷鸣，眼泪化作了春雨。

二月二日

【唐】白居易①

二月二日新雨晴，
草芽菜甲①一时生。
轻衫细马春年少，
十字津头②一字行。

　　二月二日雨过天晴，草木露出勃勃生机。换上春衣的青年骑着灵巧的马儿，在十字渡口排成长长的一行。诗歌描写了春龙节人们纷纷外出，参加传统活动的热闹景象。
　　①菜甲：最早出土的蔬菜。②津头：渡口。

清明节

　　清明是二十四节气之一，同时也是一个传统节日。清明节又叫寒食节。延续至今的习俗主要有扫墓、祭奠、踏青、插柳、荡秋千、放风筝。有的人家还不生火做饭，只吃冷食。

　　清明节的来历让人感到悲戚。相传春秋时期，晋国晋献公的妃子为了让自己的儿子奚齐继承王位，先害死了太子申生，又准备对申生的弟弟重(chóng)耳痛下毒手。重耳听到风声后，连忙逃出京城，四处流亡。

　　流亡期间，重耳和他的随从受尽了屈辱和磨难。许多随从吃不下这个苦，自寻出路去了。重耳身边只剩下几个忠心耿耿的人，其中一人叫介子推。

　　有一次，重耳饿得晕了过去。随从们想尽办法，也找不到一点食物。情急之中，介子推毅然从自己腿上割下一块肉，用火烤熟了喂给重耳吃。重耳这才转危为安。

　　十几年后，重耳回国做了君主，称晋文公。他对那些与他同甘共苦的随从大加封赏，唯独忘了介子推。有人在晋文公面前为介子推鸣不平。他这才想起介子推剜肉救主的旧事。

　　晋文公惭愧极了，急忙派人去请介子推。但得到的消息是，介子推已经背着老母藏进了绵山。晋文公下令搜山，仍不见介子推母子踪影。有个大臣建议道："如果放火烧山，三面点火，留下一方，介子推肯定会自己走出来。"

　　晋文公觉得这个主意不错，就下令放火烧山。谁知，大火烧了三天三夜，介子推依然没有出山。大火熄灭后，晋文公上山一看，介子推母子抱着一棵烧焦的大柳树已经死了。他伤心地朝着尸体哭拜了多时。

割肉奉君尽丹心，
但愿主公常清明。

在准备安葬介子推母子的时候，晋文公从烧焦的柳树洞里发现了一片撕下来的衣襟，上面还题了一首诗，意思是希望晋文公把晋国建成富强、清明的国家。晋文公备受感动，就把放火烧山这一天定为寒食节，严禁烟火。

　　第二年，晋文公又率领群臣登绵山祭奠介子推。看到那棵被烧焦的柳树竟然死而复生，他大为惊奇，便赐名此树为"清明柳"，又把这天定为清明节。天长日久，清明节和寒食节就合为一天了。

清 明

【唐】杜牧

清明时节雨纷纷，

路上行人欲①断魂。

借问②酒家何处有?

牧童遥指杏花村。

　　清明节这天，细雨连绵，游人遇雨，行倦兴败，很想找家酒店喝上几杯。见到牧童，便满怀希望地问："何处有酒家? "牧童应声指了指前方那杏花盛开的村子。诗歌表现出清明节期间，人们怀念先祖和古人的伤感情绪。

　　①欲：将要。②借问：请问。

端午节

　　端午节为每年农历五月初五，又称端阳节。这一天，几乎家家户户都在门口悬挂上艾叶，家人围坐在一起品尝味道鲜美的粽子。许多地方还举行赛龙舟活动。

　　端午节的由来与屈原有关。屈原是战国时期楚国的大臣，不仅具有治国的眼光和才能，还擅长写诗。

　　楚怀王执政时，北方的秦国日益强盛，对楚国形成很大的威胁。屈原主张与齐国联合，共同对付秦国，但却遭到了一些贵族的反对。

　　有一年，秦昭襄王邀请楚怀王到秦国的武关相会，当面订立盟约。屈原觉得凶多吉少，竭力反对。可是，楚怀王根本听不进去，毫无戒备地去了秦国，结果被软禁起来。

　　楚国只好拥立太子为新的国君。这就是楚顷襄王。谁知，这个新国君更加昏庸，重用小人而排挤贤才。那些奸臣经常在楚顷襄王面前说屈原的坏话。

　　屈原劝楚顷襄王远离小人，富国强兵。楚顷襄王却认为屈原故意与他过不去，一怒之下，将屈原革职为民，放逐到湖南一个偏僻的地方。

　　流亡期间，屈原怀着满腔义愤，写下了著名的诗篇《离骚》《天问》《九歌》。他经常在汨（mì）罗江畔边走边吟。

　　一位渔夫劝屈原不要悲伤，屈原感叹道："我宁愿跳进江心，埋在鱼肚里，也不能在污泥浊水中苟且偷生。"果然，五月初五这天，屈原抱着一块大石头跳进汩罗江自尽了。

　　楚国的老百姓悲痛万分，纷纷来到汨罗江凭吊屈原，并往江里投下饭团、鸡蛋等食物。一位老先生说，为了不让鱼龙虾蟹与屈原争食，应该把饭团用树叶包起来，外缠彩丝。后来，这种经过包装的食物就发展为粽子。五月初五便成了端午节。

端午即事①

【宋】文天祥

五月五日午，赠我一枝艾。

故人不可见，新知万里外。

丹心照夙（sù）昔②，鬓发日已改。

我欲从灵均③，三湘隔辽海。

　　五月初五是端午节，你赠我一枝艾草。死者见不到，新结交的知己却在万里之外。往日为国尽忠的人，现已白发苍苍。我想从屈原那里得到希望，但湖南与辽海相隔太远了。诗歌表达了作者忧国忧民的思想感情。

　　①即事：就眼前之事歌咏。②夙昔：往日。③灵均：形容土地美好平坦，有"屈"的意思，这里指屈原。

七夕节

　　农历七月初七七夕节，是象征爱情地久天长的浪漫日子。这天晚上，许多成年男女都会仰望夜空的牵牛星、织女星，互表对爱情的忠贞。七夕节也叫乞巧节，民间流行穿针引线、制食巧果等风俗，期望能够得到智慧和巧艺。

　　七夕节源于牛郎织女的爱情故事。相传很久以前，南阳城西牛家庄有个聪明、忠厚的小伙子，名叫牛郎。由于父母早亡，他只好跟着哥嫂度日。嫂子心肠歹毒，经常刁难和辱骂牛郎。

　　有一天，牛郎独自一人在山里放牛，想到自己的凄惨生活，不由自主地流下了眼泪。正在这时，一位慈眉善目的白发老人出现在他面前，笑着说："别难过，伏牛山里有一头病倒的老牛，你去好好喂养它，它会给你带来好运的。"

　　牛郎翻山越岭，终于找到了那头老牛。在他的精心照料下，老牛很快就恢复了健康。它告诉牛郎，自己本是天上的灰牛大仙，因触犯天规被贬下凡界，摔坏了腿。

　　牛郎同情地牵着老牛回到家里。嫂子仍然看着牛郎不顺眼，硬是以分家为由，把牛郎赶了出去。牛郎在山里搭了一间茅屋，与老牛朝夕为伴。

　　一天，天上的织女与其他仙女偷偷下凡洗澡。在老牛的帮助下，牛郎认识了织女。两人互生情意，便结为恩爱夫妻，并生下一儿一女。

　　可是，好景不长。这件事终于被玉皇大帝、王母娘娘知道了。王母娘娘亲自下凡，强行把织女带回天上。牛郎上天无路，痛苦万分。老牛告诉牛郎，等它死了以后，可以用它身上的皮做成鞋，穿上就可以上天。

　　几年后，老牛死了。牛郎按照它的意愿，带着一双儿女，腾云驾雾来到天宫，远远就看见被软禁的织女。一家人眼看就要团聚了。谁知，王母娘娘拔下头上的金簪（zān）一挥，顿时出现了一条宽阔的天河，把牛郎和织女隔在两岸。

　　牛郎和织女的爱情感动了喜鹊。千万只喜鹊搭成鹊桥，让牛郎和织女走到了一起。王母娘娘对此也很无奈，只好允许两人每年七月初七在鹊桥相会。后来，人们把天上的两颗星星分别命名为牵牛星和织女星。

秋 夕①

【唐】杜牧

银烛秋光冷画屏②，

轻罗小扇扑流萤。

天阶③夜色凉如水，

坐看牵牛织女星。

　　七夕节之夜，银色的烛光冷清清地照着画屏。宫女们拿着轻罗小扇，扑打飞来飞去的流萤。在皇宫的台阶前，夜色像水一样冰凉，宫女们坐在那里仰望空中的牵牛、织女星。诗歌表达了深宫中的宫女对爱情和幸福的向往。

　　①秋夕：农历七月初七之夜。②画屏：带有图画的屏风。③天阶：皇宫里的石台阶。

中秋节

每年农历的八月十五是中秋节。这天夜里，人们仰望如玉如盘的朗朗明月，享受或期盼家人的团聚。所以，中秋节又称团圆节。这个节日的主要习俗就是赏明月和吃月饼。有的少数民族地区还举行"追月""跳月""拜月"等活动。

　　关于中秋节的传说有很多，流传最广的就是嫦娥奔月了。相传，远古时候天上有 10 个太阳同时出现，晒得庄稼枯死，民不聊生。一个名叫后羿（yì）的英雄便登上昆仑山顶，运足神力，拉开神弓，一口气射下 9 个太阳，并严令最后一个太阳按时起落。

　　后羿因此受到百姓的尊敬和爱戴，并娶了个美丽善良的妻子——嫦娥。后羿平时除狩猎和传艺外，都是和嫦娥在一起。人们无不羡慕这对郎才女貌的夫妻。

　　一天，后羿到昆仑山访友求道，巧遇由此经过的王母娘娘，并从她那里得到一包长生不死药。如果服下此药，就能升天成仙。然而，后羿舍不得撇下妻子，便把药交给嫦娥珍藏。嫦娥将药藏进梳妆台的百宝匣里。

　　不料，这件事被后羿身边的一个徒弟逢蒙知道了。逢蒙是个心术不正的小人，一心想偷吃不死药自己成仙。几天后，后羿率徒弟外出狩猎，心怀鬼胎的逢蒙假装生病留了下来。

　　后羿走后，逢蒙手持宝剑闯入内宅后院，威逼嫦娥交出不死药。嫦娥心想，如果让逢蒙这种坏人长生不死，将来不知多少黎民百姓要深受其害。于是，她当机立断，转身打开百宝匣，拿出不死药一口吞了下去。

　　嫦娥吞下药，身子立刻飘离地面，冲出窗口，向天上飞去。由于她牵挂丈夫，便飞落在离人间最近的月亮上成了仙。这一天正好是八月十五。

　　当天晚上，后羿狩猎回家，侍女们向他哭诉了白天发生的事情。后羿又惊又怒，抽出宝剑就去找逢蒙算账，但做贼心虚的逢蒙早已逃之夭夭了。后羿气得捶胸顿足，悲痛地仰望夜空，呼唤爱妻的名字。这时，他惊奇地发现，月亮里有个晃动的人影酷似嫦娥。

　　后羿升天无术，只好在后花园里摆上香案，放上嫦娥平时最爱吃的蜜食甜果，对着一轮明月表达对嫦娥的思念和祝愿。消息传开后，老百姓纷纷效仿，逐渐形成了中秋赏月、拜月和吃月饼的风俗。

中秋月

【唐】李峤（qiáo）

圆魄①上寒空，

皆言四海同。

安②知千里外，

不有雨兼风？

　　一轮明月升上了寒冷的夜空。大家都说天下的月色相同。他们哪里知道，在千里之外就没有骤雨疾风呢？诗人通过中秋月色揭示出一个道理：世上的万事万物不可能都一样，而是存在着千差万别。

　　①魄：月亮。②安：哪里。

重阳节

农历九月初九是重阳节，又称登高节、茱萸 (zhū yú) 节、菊花节、老人节。民间流行登高远眺、饮酒赏菊、遍插茱萸、祭祖敬老等习俗。关于重阳节的传说很多，其中最有趣的是"桓景降魔"的故事。

　　相传东汉时期，河南省汝南县有一个叫桓景的农村小伙子。原先，他的家庭虽然贫穷，但勉强还能过得去。谁料有一年突然闹起了瘟疫，他的父母和许多乡亲都病死了。

　　老人们说："汝河里有一个瘟魔，每年都要出来在人间走走，走到哪里就把瘟疫带到哪里。"桓景听了，决心拜师学艺，练好本领降服瘟魔。

　　桓景得知东南山中住着一位名叫费长房的大仙，神通广大，就跋山涉水、披星戴月赶到山中，请求大仙指教。费大仙听说桓景拜师是为了给百姓除害，就毫不犹豫地收下了这个徒弟。

　　转眼一年过去了，桓景练出了一身好功夫。一天，他正在练剑，费大仙走过来对他说："今年九月初九，汝河的瘟魔又要出来。我给你茱萸叶子一包、菊花酒一瓶，你回去后，赶紧带着乡亲们登高避祸吧！"

　　桓景叩头谢了师父，火速赶回汝南，带领乡亲们登上附近一座高山，并让每人头插一片茱萸叶，再喝上一口菊花酒。这样，瘟魔就不敢近身了。

　　接着，桓景回到自己家，独坐屋内，把降妖青龙剑放在身旁，单等瘟魔到来。

　　不大一会儿，瘟魔从河里钻了出来。他发现村民们都聚集在高山上，就气势汹汹地向那里奔去。谁知，刚到山脚，他就觉得酒气刺鼻、茱萸冲肺，只好转身进村。

　　桓景一见瘟魔，立刻挥剑砍去。瘟魔招架不住，拔腿就跑。桓景"嗖"的一声把剑抛出，直刺瘟魔的心肺。从此，汝河两岸的百姓再也不受瘟魔的侵害了。九月初九登高山、赏菊花、插茱萸逐渐成为民间的风俗，越传越广。

九月九日忆山东兄弟①

【唐】王维

独在异乡为异客，

每逢佳节倍思亲。

遥知②兄弟登高处，

遍插茱萸少一人。

我独自处在异乡为客人，每逢佳节更加思念亲人。我在远方猜想：重阳节登高的兄弟们，在插上茱萸时少了我，一定会难过的。诗人把自己在重阳节对家人的思念写得亲切、感人。

①忆：想念；山东：今陕西省华山以东，王维的家乡。②知：猜想。

腊八节

　　农历腊月初八是中国传统的腊八节。这一天，许多人家都要喝腊八粥。各地做的腊八粥虽然不尽相同，但大都离不开小米、大米、绿豆、红小豆、花生、红枣等。有的地方还有用腊八粥敬门神、灶神、财神的习俗。

　　关于腊八粥的起源，民间有许多传说。有的与岳飞有关，有的与朱元璋有关，而流传最广的是一户普通农家的故事。这户农家只有老两口守着一个儿子。老两口都很勤快，把几亩农田和菜园都料理得年年丰收。

　　光阴似箭，转眼间，他们的儿子已经十七八岁了。虽说小伙子长得身强力壮，可是懒得出奇。老两口十分担忧，就劝他说："爹娘只能养你小，不能养你老，往后你要学会自己过日子。"儿子只哼了两声，根本听不进去。

　　不久，老两口给儿子娶了媳妇。没想到，媳妇比儿子更懒，不动针线，不进灶房，倒了油瓶也不扶，整天算计着怎样"啃老"。

　　又过了几年，老两口已经满头白发，走路两腿都发颤了。他们知道黄土已埋到了脖子上，就语重心长地对儿子、儿媳说："勤是摇钱树，俭是聚宝盆。不勤不俭，将来是要受苦的。"

　　小两口把老人的话当成了耳旁风，没有一丝一毫的改变。不久，两位老人都去世了。小两口看看囤里有米、柜里有衣，一唱一和地说："有吃有喝不用愁，何必下地晒日头。""夏有单衣冬有棉，何必纺织到日偏。"

　　就这样，仅仅过了两年，家里积攒的粮食、衣服都用完了。这年腊月初八，天寒地冻，滴水成冰，小两口冻得发抖，饿得心慌，好不容易在炕缝里发现了一点杂粮，就一粒粒抠出来，熬了一锅杂七烩八的粥充饥御寒。

　　正当小两口为没听老人言而后悔莫及的时候，忽然，一阵狂风刮来，年久失修的房子轰然倒塌，把小两口活活砸死了。邻居们闻讯赶来，发现他俩身旁还放着半碗杂粮粥。

　　从此，乡亲们每到腊月初八这天，都要熬一锅杂粮粥让孩子们喝，并给他们讲述小两口的悲惨遭遇，教育孩子养成勤俭的习惯。就这样，腊八喝粥逐渐形成了民间习俗。

腊 八

【清】夏仁虎

腊八家家煮粥多，

大臣特派到雍（yōng）和①。

圣②慈亦是当今佛，

进奉熬成第二锅。

　　腊八一到，家家户户都要煮腊八粥。皇帝就像活佛一样慈悲，特地派大臣到雍和宫煮粥敬佛，并赐给百官宫妃。由于来的人多，已经煮了两锅粥了。诗歌真实地描绘了腊八喝粥的传统习俗。

　　①雍和：指北京雍和宫。②圣：皇帝。